San Bruno Public Library

W9-AVL-286

SP
158.12
LAN

Abrirse a la meditación

Una guía práctica, fácil y sencilla

DIANA LANG

Abrirse a la meditación

Una guía práctica, fácil y sencilla

EDICIONES OBELISCO

Si este libro le ha interesado y desea que le mantengamos informado
de nuestras publicaciones, escríbanos indicándonos qué temas son de su interés
(Astrología, Autoayuda, Ciencias Ocultas, Artes Marciales, Naturismo,
Espiritualidad, Tradición…) y gustosamente le complaceremos.

Puede consultar nuestro catálogo en www.edicionesobelisco.com

Colección Espiritualidad y Vida interio
ABRIRSE A LA MEDITACIÓN
Diana Lang

1.ª edición: febrero de 2017

Título original: *Opening to meditation, a gentle, guided approach*
Traducción: *David N. M. George*
Maquetación: *Compaginem, S. L.*
Corrección: *M.ª Jesús Rodríguez*
Diseño de cubierta: *Montserrat Vilarnau*

© 2004, 2015, Diana Lang
(Reservados todos los derechos)
Primera edición en Estados Unidos por New World Library
© 2017, Ediciones Obelisco, S. L.
(Reservados los derechos para la presente edición)

Edita: Ediciones Obelisco, S. L.
Collita, 23-25. Pol. Ind. Molí de la Bastida
08191 Rubí - Barcelona - España
Tel. 93 309 85 25 - Fax 93 309 85 23
E-mail: info@edicionesobelisco.com

ISBN: 978-84-9111-186-3
Depósito Legal: B-101-2017

Printed in Spain

Impreso en España en los talleres gráficos de Romanyà/Valls S.A.
Verdaguer, 1 - 08786 Capellades (Barcelona)

Reservados todos los derechos. Ninguna parte de esta publicación,
incluido el diseño de la cubierta, puede ser reproducida, almacenada,
transmitida o utilizada en manera alguna por ningún medio,
ya sea electrónico, químico, mecánico, óptico, de grabación
o electrográfico, sin el previo consentimiento por escrito del editor.
Diríjase a CEDRO (Centro Español de Derechos Reprográficos, www.cedro.org)
si necesita fotocopiar o escanear algún fragmento de esta obra.

Para June...

Respira.

PREFACIO A LA EDICIÓN REVISADA

Auténtico + puro = sencillo.

Cuando escribí la primera edición de este libro, *auténtico y puro* era mi regla de oro. Mi objetivo era ofrecer una presentación auténtica y completa sobre el tema de la meditación, que es algo enorme y que frecuentemente tiene un aspecto misterioso: una presentación que sabía que funcionaría. Quería mostrar cómo crear una estructura fundamental que permitiría a la gente tener una experiencia directa de, y un contacto real, con su yo más íntimo y esencial (su alma). Quería demostrar que este estado de paz interior y de estabilidad emocional no es algo tan lejano: se encuentra justo aquí y ahora.

Mientras escribía estas páginas había dos condiciones que todas y cada una de las palabras debían cumplir. Las palabras debían ser auténticas y tenían que ser puras. Escribir desde el interior de mi meditación garantizaba lo segundo, pero para mí, *auténtico* significaba que debía haber experimentado directamente lo que estaba diciendo, o si no, no lo diría. Eso implicaba que no podía recurrir a la teoría analítica, conjeturas o teatralidad intelectual alguna. Las palabras tenían que ser, sencillamente, Auténticas, con *A* mayúscula, y punto. No quería repetir como un loro cosas que hubiera leído u oído antes. Deseaba que este libro fuera algo auténtico, sin reglas fijas ni adoctrinamiento, sin mandatos ni conjuros mágicos, sino que plasmara simplemente la verdadera experiencia de la meditación. Y así, me encontré escribiendo gran parte del primer borrador con los ojos cerrados mientras me hallaba *en* una meditación, porque quería que el libro *fuera* una meditación.

Mediante este proceso, descubrí que, cuando lo auténtico y lo puro se unen, hacen que las palabras sean sencillas y claras, y este mandato se convirtió en mi dispositivo de navegación y me mostró si me encontraba *dentro* o *fuera* del camino. Si me daba cuenta de que me estaba complicando o bien explicando las cosas de forma excesiva, entonces sabría que probablemente me hallaba en un territorio que no formaba parte de mi directriz de perseguir lo auténtico y lo puro. Cuando satisfacía las dos condiciones podía sentirlo, como un diapasón. Entonces, podía percibir la armonía física en el interior del escrito: parecía congruente.

Quería ofrecer una Presentación que fuera completa, de modo que si todo lo que sabías acerca de la meditación procedía de esta única fuente, este libro te conduciría desde los pasos iniciales consistentes en seguir la respiración durante todo el camino hasta llegar a la profunda experiencia metafísica de la autorrealización.

Y el libro consiguió exactamente eso. Recibí muchísimas cartas y correos electrónicos de lectores que habían usado el libro y las meditaciones en formato de audio para todo: desde mejorar el insomnio hasta calmarse antes, después e incluso *durante* una operación quirúrgica. Los lectores utilizaban las meditaciones mientras les realizaban un escáner en el interior de una máquina de resonancia magnética ruidosa y rechinante y también mientras estaban de pie en la fila de la jefatura de tráfico. Asimismo, las usaban antes de someterse a pruebas médicas, para ayudar a sus bebés a dormirse, e incluso hubo una persona que las escuchó cientos de veces en bucle para que le ayudaran en su tránsito final. La mayoría, por supuesto, empleaban las meditaciones para *aprender* a meditar, y muchos se vieron experimentando un despertar y una apertura como el de una hermosa rosa que acaba de florecer. Estas historias me conmovieron profundamente porque me mostraron que la gente estaba usando la meditación en su vida real, tal y como yo había esperado. La meditación no es algo que sólo pueda hacerse en un *ashram* o en una habitación del todo aislada , sino que está pensada para que la usemos en nuestra vida justo ahora.

La primera edición de este libro venía acompañada de un disco compacto con meditaciones orientadas. En esta edición revisada he añadido transcripciones escritas de esas meditaciones con las que practicar, junto con un enlace a grabaciones de audio de las meditaciones, que podrás encontrar en mi página web. De este modo, podrás elegir entre leerlas o escucharlas.

Lo que ahora tienes entre las manos es el núcleo de la meditación. El mismísimo hecho de que estés leyendo esto ahora forma parte del misterio y del milagro. Se trata, exactamente, de lo correcto en el momento adecuado. Estás leyendo esto porque se trata de tu siguiente paso.

Y eso es un hecho. No existen las casualidades en el mundo de la espiritualidad. Todo lo que nos ocurre forma parte de un designio mayor: el designio del alma. Y, cuando la personalidad actúa en cooperación con el alma, nuestras vidas empiezan a cambiar, como cuando una nueva piedra cae en el interior de la lente de un caleidoscopio y, súbitamente, surge un patrón del todo nuevo. Las cosas se vuelven más fáciles. Fluyen… porque no hay resistencia. El alma y la personalidad están trabajando juntas.

La meditación ayuda a que tu vida tome el buen rumbo de una forma sorprendente y mágica. Al implicarte en una práctica de meditación, te encontrarás en el lugar correcto en el momento adecuado, de una forma continua y *casualmente*. La gente te dirá: «¡Eres tan afortunado!», pero muy dentro de ti sabrás que simplemente estás alineado con tu alma.

Por lo tanto, espero que te permitas experimentar esto, incluso mientras estás leyendo estas palabras. Deja que las palabras resuenen a través de tus ojos, tu piel, tu sangre, tus huesos, tu conciencia, tu psique. Permite que el ritmo y el pulso te recuerden quién eres en realidad. Simplemente medita, y *sabrás* lo que quiero decir.

Todas las bendiciones,
DIANA

INTRODUCCIÓN

La meditación es un acelerador.

¿Puedes imaginarte sintiéndote bien, natural y lleno de vida? Imagina qué tal sería sentirse tranquilo y centrado, independientemente de cuáles sean tus circunstancias. Imagina que dispones de más energía mientras te implicas en todo lo que haces y te sientes cada vez más conectado en tu vida, día a día, respiración a respiración.

Después de enseñar meditación durante más de treinta años a miles de personas, puedo decir, realmente, que se trata de lo más importante que podrías aprender para acelerar y enriquecer tu vida espiritual. Todo lo que aprendas en la escuela, mediante el análisis o el estudio, se multiplicará exponencialmente si meditas. La meditación influirá en la forma en la que organices tus pensamientos y la manera en la que aprecies el arte, un poema o una buena conversación. Esto se debe a que todo es energía y vibración, y como todo *es* energía, cada parte de tu vida se verá afectada. La meditación te permite acceder a un mundo interior de conocimientos. Es como disponer de una alfombra voladora con la que puedes ir a cualquier parte, en cualquier época y espacio.

Son numerosísimos los estudios científicos que han mostrado lo que ya se sabía hace mucho tiempo: que la meditación funciona. Es un liberador rápido del estrés. Acelera la recuperación y la curación, y reduce el dolor. Disminuye la presión sanguínea y te proporciona más energía, más resistencia y unos mejores reflejos. Acrecienta tu memoria y tu capacidad de concentración. En general, te vuelve más equilibrado mental y emocionalmente. La ansiedad y la depresión remiten y la creatividad florece. También ayuda en todo tipo de recuperación de las adicciones.

La meditación te enseñará a reconectar contigo mismo y a acceder a los potenciales ilimitados que hay en tu interior. Te sentirás revitalizado y renovado. A través de este proceso, comprobarás cómo las relaciones sociales se enriquecen y animan, el trabajo se vuelve inspirador, y empezarás a descubrir los potenciales de tu propio crecimiento positivo. La lista es interminable. Con la meditación se consigue una forma completamente nueva de ser.

La meditación te mantiene actualizado, desde el punto de vista emocional, en tu vida. Es como un diario viviente: siempre sabes dónde estás. Tu corazón se abre. Aprendes la aceptación, el agradecimiento y la compasión sin esfuerzo. Al permanecer conectado contigo mismo y con tu conocimiento interno, reduces tus niveles de estrés y te relajas, en general, de forma que mejoras tu estado de salud general. Afecta a cada área de tu vida, desde tu trabajo hasta tus relaciones.

Es como conectarse a una fuente de energía mayor: empiezas a percibir y descubrir tu dirección en la vida e incluso las finalidades de tu existencia (hay muchas, ¿sabes?). Te verás, te sentirás y te conocerás a ti mismo de una forma que te cambiará y te encantará, todo ello sin esfuerzo alguno. Lo mejor de todo es que el concepto de tiempo empieza a cambiar, y entonces ves que dispones de todo el tiempo que necesitas y quieres para dar tu siguiente paso en tu vida. Te relajas.

Y lo genial de esto es que es fácil. Es una sencilla práctica de conciencia que sólo te llevará unos minutos al día. Se trata de realizar un pequeño y rápido ajuste, tras el cual podrás saber quién eres, contactar contigo mismo, valorar el momento y vivir de forma un poco más grande, y todo ello porque, sencillamente, te paraste un momento, respiraste y

te

permitiste

ser.

La meditación es más vieja que Matusalén, y ha sido usada durante muchas eras para centrar y alinear el yo con el objeto de gozar de una vida más feliz y con más sentido.

Mi objetivo en este libro es mostrarte la aplicación práctica de la meditación. Es como un martillo y un clavo: algo que puedes usar cada día para obtener un resultado conocido, que funciona cuando lo utilizas.

La meditación es una antigua disciplina diseñada para ayudarte a aprender a estar más presente en tu vida. Es un arte que se practica, algo en lo que seguimos transformándonos, descubriendo, descifrando y expandiéndonos para aprender, todavía en mayor profundidad, la maravillosa diferencia entre el pensamiento y la conciencia.

Este libro te proporcionará las herramientas y te mostrará cómo sentirte mejor por dentro y por fuera. Aprenderás y *experimentarás* a qué se *parece* estar centrado en ti mismo y en tu vida, a ser un generador *de* cosas en lugar de ser alguien que reacciona *ante* las cosas.

Imagina cómo debe ser sentirse ubicado, seguro, creativo y libre, y así más y más cada día. Éstas son sólo algunas de las cosas que aprenderás y experimentarás cuando inicies tu práctica de la meditación. Así pues, ¡vamos allá!

PARTE I

EL ARTE DE LA MEDITACIÓN

Cálmate, ya que la calma y la tranquilidad contienen los secretos del universo.

Lao-Tse

Capítulo 1

¿QUÉ ES LA MEDITACIÓN?

*Si la parte más sabia de ti pudiera hablar contigo,
¿qué diría?*

La meditación es un estado de la conciencia. Es algo que crece y que, cuando es alimentada y se cuida de ella, se hace fuerte y constante, como un roble viejo y fuerte. Puedes contar con ello.

Cada vez que meditas, es como si estuvieras levantando una montaña, una capa y otra…. La meditación es como los estratos: una vez que se asienta una capa, se convierte en una parte permanente de tu paisaje. Es acumulativa. Cuando vuelves a meditar, añades otra capa a tu montaña. Sigues fortaleciéndote cada vez más. Incluso aunque exista un lapso de muchos años sin practicar la meditación, esta estratificación no desaparece. Permanece justo donde la dejaste. Simplemente, la retomas allá donde la abandonaste. Además, generalmente habrá crecido algo por su cuenta.

La meditación es una disciplina de la mente mezclada con el espíritu que nos enseña concentración y enfoque. Aporta claridad a cada área de tu vida. Amplía tu perspectiva, abre tu mente a nuevas ideas y te ayuda a sentirte libre.

A veces la relacionamos con la oración y, por supuesto, también consiste en esto. La meditación es una elegante disciplina mental que incrementa nuestra conexión espiritual. En las enseñanzas más antiguas registradas, que se remontan a miles de años, se dice que *la meditación es el asentamiento de la mente en la quietud.* Esto es cierto y, pese a ello, meditar no consiste en silenciar la mente ni en no pensar, tampoco en carecer de pensamientos. Consiste en estar lleno de mente. Consciente. Lleno de mente, sin vínculos, sin juicios.

Este conocimiento creciente se encuentra en profundidad en tu interior y siempre lo tienes a tu disposición. Se halla a tan sólo una respiración consciente. Nunca nos separamos de nuestro conocimiento. Se trata de un infinito continuo de amor y agradecimiento eternos, siempre disponible, siempre cómplice, siempre amoroso. Todo lo que tenemos que hacer es abrirnos a ello. Se encuentra justo aquí. Si alguna vez nos desconectamos, es sólo porque nosotros mismos nos hemos desconectado. Y no pasa nada. Todo lo que tienes que hacer es escoger de nuevo. En el momento en que volvamos a elegir, nos reconectaremos al instante y siempre; y una de las formas más fáciles de conectar es mediante la meditación.

Es muy probable que en tu propia vida te hayas encontrado en un estado de meditación y que ni siquiera lo hayas sabido. La meditación es una cualidad de la conciencia, una intensificación de la misma, una percepción aguda y una utilización más completa de tu conciencia sensorial.

Si en alguna ocasión has dado un paseo y, mientras caminabas, has percibido el canto de un pájaro y un pequeño cambio en el viento, y que el ritmo de tus pasos se acomodaba al de tu respiración, entonces te encontrabas en una meditación.

Si has contemplado una puesta de sol y te ha parecido que el tiempo se detenía, eso es una meditación. Si alguna vez te has emocionado por el sonido de la voz de un cantante y tu corazón se ha entusiasmado, o si has sentido la expansión de tu cuerpo cuando un bailarín ha dado un salto y era como si quedara flotando en pleno aire, en ese momento has estado meditando, y también en ese mismo momento has recordado quién eres.

Siempre que estés plenamente presente y que cada parte de ti esté despierta, entonces el brillo en los ojos de un ser querido, o una caricia o una oración se convierten en una meditación.

Si tu parte más sabia pudiera hablar contigo, ¿qué diría? No tiene que ver con los detalles de algo, ni siquiera con el resultado de un plan. Te diría que eres bueno, que vales la pena, que serás amado más allá de cualquier cosa que puedas imaginar. Te diría: «*Vive a lo grande. Manifiesta tus sueños. Arriésgate a amar una y otra vez* y una y otra vez». Y te diría de mil maneras en un momento: «*Todo está verdaderamente bien*».

Capítulo 2

LA MEDITACIÓN ES FÁCIL

La meditación es tan fácil como respirar.

La meditación es fácil. Puedes practicarla ahora mismo, justo en el lugar donde te encuentres. Es una sencilla práctica de concienciación que sólo te ocupará algunos minutos cada día. No es nada misterioso ni esotérico. Es tu derecho de nacimiento natural como ser humano. Es tan sencillo como respirar, y es una de las técnicas para centrarse más poderosas que existen. Descubrirás que es más fácil de lo que hubieras podido creer y que, además, es enormemente satisfactoria.

La meditación es una práctica antigua que calma la mente y permite que nuestro espíritu interior brille cada vez más. Sus efectos se manifiestan a lo largo del tiempo. Se trata de una práctica de concienciación que incrementa nuestra concentración, nuestra conciencia y el conocimiento de nuestra alma.

La meditación crea unos cimientos que te permiten conocerte en profundidad: tu verdadero yo, esa parte de ti que es eterna. También te facilita que todo el potencial de tu alma se exprese en tu vida.

La meditación te ayuda a autorrealizarte: a darte cuenta de quién eres en tu esencia más profunda. En la meditación llegas a un estado de conciencia en el que reconoces conscientemente el vínculo entre tu personalidad y tu alma. La meditación alinea estas dos partes en apariencia separadas, de modo que se convierten en, y actúan, como una. Esto se denomina *congruencia*: un puente consciente entre el yo y el alma.

El camino hacia la autorrealización es una elección. Es la decisión continua de vivir tu vida de la forma más sincera y amorosa posible. Cada vez que te sientas para meditar estás escogiendo vivir una vida despierta.

La meditación revela una belleza que está más allá de las palabras. Al volvernos hacia nuestro interior, descubrimos un mundo de conocimientos y nos hacemos con el botín de nuestro rico conocimiento interior. Asimismo, descubrimos que somos más de lo que aparentamos; somos mejores (mucho más) de lo que habíamos creído.

En nuestro mismísimo núcleo, descubrimos que somos, simple y absolutamente, el resplandor del amor puro. Permitir que este amor brille con más intensidad a lo largo de nuestra vida es una consecuencia inevitable y directa de la práctica de la meditación. Somos los directores de nuestro propio crecimiento. Siempre dependerá de nosotros cuán receptivos seamos a nuestro conocimiento interior. Dicho conocimiento está a nuestra disposición en todo momento. No flaquea ni varía. El flujo de nuestra alma es constante. Todo lo que tenemos que hacer es abrirnos a él.

Capítulo 3

YA DISPONES DE TODO LO QUE NECESITAS

Confía en ti mismo.

Uno de los objetivos de este libro es mostrarte que no necesitas nada, aparte de ti mismo, para dar tu siguiente paso espiritual. Ya dispones de todo lo que necesitas.

Tu siguiente paso es el que se encuentra justo delante de ti, el que puedes dar en este preciso momento. Si permites que tu conocimiento interior te oriente, no podrás equivocarte. Tu siguiente paso casi siempre parece fácil, natural e incluso ordinario. A veces esperamos que se produzcan grandes cambios en nuestra vida, de alguna forma espectacular, como un estallido, pero eso rara vez sucede. Lo más frecuente es que se trate sólo de poner un pie delante del otro hasta que, inevitablemente, se dé un suceso transcendental. Desde fuera parece un milagro, pero lo más probable es que tu propia experiencia de este acontecimiento sea de lo más normal y natural.

Siempre estamos esperando que ocurra algún evento espiritual impresionante que nos demuestre que hemos llegado, cuando de hecho se trata, en la mayoría de los casos, de algo tan corriente como respirar.

Todo lo que se requiere es la comprensión de algunas verdades básicas: somos seres más grandes de lo que creemos. Tenemos un espíritu vasto y eterno, además de este cuerpo físico. Dónde nos encontramos en este momento, cómo estamos y quiénes somos, en realidad, todo es perfecto. No hay una receta secreta, no existe fórmula mágica alguna. Todo es como debería ser, un despliegue perfecto y suave de tu alma. Si te parece difícil, se debe únicamente a que no estás en sintonía con tu verdadero yo: te encuentras fuera de la corriente o el flujo.

Cuando nos hallamos fuera de la corriente, estamos desincronizados de nuestra alma. Esto nos genera un sentimiento de separación que, en ese momento, parece real y auténtico. Cuando nos sentimos apartados, sufrimos la dolorosa ilusión de que, de alguna forma, no somos dignos. Ésta es una falacia perpetuada por nuestro yo menor (que suele recibir el nombre de *ego*), el cual nos puede arrojar fuera del camino y confundir nuestro sentido de la orientación.

La meditación es una ruta directa hacia la armonía, el equilibrio y la paz interiores. Hay muchos métodos que pueden llevarte hacia donde quieres ir, pero la meditación es, con mucho, el más rápido y preciso. Sus efectos son acumulativos y duraderos.

Cuando esta vida se acabe, no te llevarás contigo tus posesiones, tus títulos universitarios ni tus actos, tan sólo la conciencia que hayas construido a partir de tu práctica de la meditación. A través de la meditación, tu conciencia cambia y evoluciona. Te vuelves consciente de quién eres en realidad. La conciencia que construyas en esta vida será tu siempre creciente legado.

Esta conciencia es quién eres tú.

Capítulo 4

ERES BUENO

¿Qué sucedería si tu bondad fuera algo que se diera por sentado?

A través del proceso de la meditación descubres tu verdadera bondad. Puede que te lleve un tiempo, y quizá vadear a través de las dudas y los miedos al principio, pero en algún momento descubrirás (ahí, en tu mismísimo núcleo, perfectamente en su sitio) tu auténtico, digno y hermoso yo.

Cualquier cosa que manifieste lo contrario consiste en la duda del ego, y si existe un demonio se trata de éste, el cual provoca que nos confundamos y que olvidemos quiénes somos de verdad. Cuando dudamos, concedemos poder al miedo. La duda se encuentra en el corazón de cualquier decisión basada en el miedo: la decisión de no confiar, la decisión de no ser abierto, la decisión de no amar. La duda es la materia de nuestra inseguridad. Se halla en el centro de cualquier acto que no llegue a la altura de lo mejor que podemos dar.

La meditación te ayuda a examinar cuidadosamente esta duda y este miedo, y sientes tu camino al hogar, hacia tu verdadero yo, al saber que eres natural e inherentemente bueno. No hay excepciones. Tú no eres la excepción.

¿Qué pasaría si supieras eso?

¿Qué sucedería si ni siquiera fuera una pregunta?

¿Qué pasaría si fuera algo que se diera por sentado en tu vida?

Siente cómo cambiaría esto la forma en la que te expresas en el mundo.

Eres bueno, no en el sentido de ser virtuoso o de ser superior a otra persona, sino en el sentido más profundo de todo ello: eres bueno, verdaderamente y de corazón.

Ésta es la verdad. Eres bueno más allá de tu imaginación más fantástica. Eres bueno de una forma que es inmensurable. Eres tan digno como tu héroe preferido o como cualquiera a quien hayas considerado admirable, inspirador o bendecido.

Tú eres eso.

La meditación es un viaje que unifica la mente y el corazón. La meditación destapa las capas de la creencia, la limitación y la duda para revelar, tranquilamente, el corazón simple y puro que siempre está ahí.

Me gusta hacer las cosas de la forma más directa que puedo: en línea recta, deprisa y con autenticidad. La meditación es la ruta más directa que conozco para llegar al hogar. Es un proceso, una disciplina, un arte y una práctica que te enseñará a confiar en ti mismo, a llegar al hogar en tu interior, a saber quién eres, a ser quien eres: auténtico, libre e ilimitado. La meditación no te proporcionará nada nuevo, pero lo que te dará es a ti mismo.

Capítulo 5

EXACTAMENTE DONDE ESTÁS

Simplemente estate presente.

Las respuestas que estás buscando pueden encontrarse justo donde te hallas. Tu punto de poder está presente en este preciso momento. Es algo muy sencillo, pero pese a ello muy cierto. Todo lo que tienes que hacer es saber dónde te encuentras en este instante para así obtener orientación y seguridad en tus pasos. Si no sabes realmente dónde estás, toda la orientación buena e incluso profunda en el mundo podría dirigirte lejos de tu destino planeado. Si no sabes dónde te encuentras, tu objetivo estará lejos de la diana.

La meditación te ayuda a saber dónde te hallas en el tiempo y el espacio. Te asienta en el mundo de modo que puedas avanzar con fluidez y elegancia. Es como la flecha grande y roja en el plano de un centro comercial cualquiera que te permite saber que te encuentras «aquí». Cuando comprendes dónde estás realmente, el universo se abre con miles de opciones, cada una de ellas única y perfecta por derecho propio, haciendo que sea fácil saber cuál es tu siguiente paso.

Todo lo que tienes que hacer es abrir tu corazón a la luz y la energía que fluye a través de nosotros en todo momento. Ese flujo siempre está presente, es constante y perfecto y en todo momento está a tu disposición. Imagina un riachuelo de amor puro que mana del universo directamente hacia tu interior. Imagina ese mismo amor puro fluyendo y bailando alrededor y a través de cada cosa de este planeta y más allá de este planeta, cada roca, cada brizna de hierba, cada ciervo que habita en el bosque, cada estrella en el cielo. Todo está conectado a este flujo.

Y tú también lo estás.

La única razón por la cual no lo percibimos es porque pensamos que, de algún modo, somos independientes de ello; pero somos eso, y ello es nosotros. Siéntelo justo ahora, en este preciso momento: permítete abrirte al flujo de amor que está discurriendo a través de cada cosa que hay en este planeta, a través de cada átomo que nos forma a cada uno de nosotros.

La meditación nos permite experimentar esto, de modo que lo sintamos y lo conozcamos en profundidad, más allá de las palabras. La meditación abre tu mente y tu corazón.

La apertura de tu corazón es el regalo más precioso que puedes ofrecer al mundo. Nos afecta a todos y, por esta razón, la meditación también es un servicio: ayuda a toda la humanidad y a toda forma de vida. A medida que te vas dando más cuenta y volviéndote más consciente, vas señalando el camino para que el resto de nosotros lo sigamos, y nuestros senderos se vuelven más fáciles debido a los pasos que has dado. Sabe esto, en tu despliegue, en tu profundización: tu viaje interior genera un camino más fácil para todos nosotros.

Mediante la meditación nos abrimos al amor. Accedemos a un lugar que es sagrado. Al saber dónde nos encontramos, generamos una abertura, una ventana hacia la conciencia expandida. En esa abertura podemos sentir y fundirnos con la fuerza creativa del universo. Esta creatividad cósmica es, simplemente, amor. Podemos llamarlo Dios, o naturaleza, o suerte, o espíritu, o energía universal, o un poder superior, o cualquier otra cosa. Independientemente de cómo lo llames, sigue siendo amor. Amor puro. Amor que tiene una intención, amor que hace, amor que construye: no de una forma emocional, sino como lo haría, por ejemplo, un láser, de manera consciente y precisa.

Cuando meditamos, empezamos a reconocer nuestra conexión con esta fuerza creativa, y a saber que formamos parte de este amor, que somos lo mismo que este amor: somos infinitos y eternos.

Cuando meditamos, nos transformamos en uno con nuestro yo infinito. En nuestra conciencia creciente de este yo superior, nos convertimos en mucho más que en nuestro yo personal. Empezamos a reconocer la magnitud, la belleza y la infinidad de quiénes somos en realidad.

Capítulo 6

DE MEMORIA

Saber algo de memoria es saber de verdad.

Cuando conocemos algo en profundidad, lo sentimos en cada célula de nuestro cuerpo. Lo sabemos, literalmente, de memoria. No necesitamos que nos lo recuerden ni que nos lo vuelvan a enseñar: sencillamente, lo sabemos. Es como ir en bicicleta: una vez que has aprendido, se convierte en parte de tu configuración de patrones reflejos. Con la práctica de la meditación empezarás a conocerte de memoria. Aprenderás de ti por dentro y por fuera: lo que piensas, lo que sientes, quién eres. Se te revela una mayor conciencia sobre quién eres. Cuanto más permites que tu espíritu interno, tu verdadero yo, brille a través de ti, más auténtica y original se vuelve tu vida. La meditación te ayuda a conocer a tu yo más auténtico, a la parte de ti que nunca muere.

No importa si todos a quienes conoces creen que una determinada cosa es cierta: esto no significa que sea correcta o verdadera para ti. A medida que aprendes a confiar más y más en tu sentido del conocimiento, adquieres más confianza en él. Todos tenemos una contribución única que hacer, y sólo tú puedes expresar la tuya de una forma concreta. Nadie puede decirte, en realidad, cuál es tu contribución: es asunto tuyo descubrirla en tu interior.

La meditación te ayuda a recordar lo que sabes. Te lleva de vuelta al hogar.

El hogar está, verdaderamente, donde se encuentra el corazón. Está allá donde se halla el amor. El amor es un arte, una práctica genial y poderosa. Es algo que utilizar, que trabajar, que ser. Es un verbo, una acción. Cada vez que escogemos el amor afirmamos la vida. Con mucha frecuencia hacemos distinciones del tipo: «Puedo amar esto, pero no aquello». Trazamos líneas. Pero el amor es constante y todo lo abarca. ¡Es un estado de «estar enamorado» de todo! Profundizar y ampliar nuestra práctica del amor es uno de los mayores regalos de la meditación. Cuando empiezas a conocerte de memoria, aprendes a amar de verdad.

No importa lo que pienses acerca del amor. Lo único que importa es que ames.

Capítulo 7

REGRESANDO AL HOGAR

Mientras andas por tu camino, la meditación te conduce al hogar.

Todo está conectado. La naturaleza manifiesta constantemente esta verdad. La física y otras ciencias lo demuestran una y otra vez. Pero tú ya sabes esto por ti mismo cuando, por ejemplo, recuerdas los ojos de tu hijo recién nacido o contemplas las estrellas o sientes tu corazón latir o bien coges la mano de tu madre u observas a un colibrí: el amor está a nuestro alrededor, y los milagros abundan en todo momento.

La meditación actúa como un acelerador en tu vida. Cada área de tu existencia se verá afectada por tu práctica de la meditación. Las cosas empezarán a cambiar, a realinearse, a adquirir un ritmo nuevo y mejor. Te darás cuenta de las cosas al instante. Te hará consciente de cuál es el *siguiente paso* que debes dar en tu vida justo en el momento adecuado.

Las cosas a las que te has estado aferrando o que has reprimido se volverán más obvias para ti a medida que tu práctica de la meditación evolucione. Y, como si empezara a levantarse una niebla, comenzarás a ver la verdad de allá donde te encuentres en este momento.

Mientras avanzas por tu camino, se te aparecerán muchas cosas buenas de forma fácil y sin esfuerzo. Se te presentarán muchas enseñanzas, profesores, religiones, libros y experiencias en el orden y en el momento perfectos, y todos los caminos te conducirán al hogar.

Confía en ti. Confía en tu viaje. Tu único camino es el tuyo propio. La forma en la que llegues allí posee su propia perfección. Aquello que necesites acontecerá justo en el momento adecuado. Todo lo que tienes que hacer es reconocerlo cuando aparezca. La meditación te mantiene conectado contigo mismo. Te ayuda a reconocer las muchas señales que hay por el camino. Te proporciona un conocimiento interior tranquilo, calmado y claro que nunca falla a la hora de guiarte en tu senda.

La meditación te conduce de vuelta al hogar. Te lleva al conocimiento de tu corazón. Te orienta firmemente y con precisión sobre cuál debe ser tu siguiente paso. La meditación es un proceso que se despliega, que te lleva a donde estás tal y como eres, y que te muestra (a medida que sitúas un pie espiritual delante del otro) el camino a casa.

PARTE II

LA PRÁCTICA DE LA MEDITACIÓN

Cáete siete veces, levántate ocho.

Proverbio japonés

Capítulo 8

CÓMO PRACTICARLA

La autorrealización consiste en darse cuenta del yo.

En realidad, sólo hay dos cosas que necesites hacer para meditar: volverte consciente de ti mismo y permanecer ahí durante un rato.

Esta fórmula no sólo es una manera sencilla de practicar la meditación, sino también una clave para vivir: te muestra cómo ser consciente donde estés, allá donde te encuentres. Te ayuda a volverte cada vez más consciente en todo momento y a ser tu verdadero yo en cada situación y circunstancia.

La meditación es sencilla y práctica. Curiosamente, es lo más normal que existe. Al principio, mucha gente que lo intenta piensa que no lo está haciendo bien. Es tan sencilla y tan poco extraordinaria que creen que debe ser algo más complejo o esotérico que lo que en verdad hacen. Como la gente suele pensar que practica de forma incorrecta la meditación, muchos desisten de llevarla a cabo.

Se trata de una práctica. El término «práctica» procede de la raíz *praxis*, que significa «llevar a cabo una acción». Tienes que *llevar a cabo una acción* para que la meditación funcione. Cada vez que te sientas para meditar estás desarrollando un «músculo» espiritual. Cuanto más lo uses, más fuerte se volverá. Gana fuerza, agilidad y potencial con el tiempo. Este vigoroso aparato que desarrollas mediante la meditación cambiará por completo la forma en la que funciona tu vida.

Sin embargo, para fortalecer un músculo tienes que trabajarlo. Esto se consigue mediante la práctica. Sentándote. Cuanto más lo hagas, más fácil te resultará. Este lugar centrado que hay en tu interior se vuelve firmemente consolidado y reconocible, y puedes encontrar fácilmente tu camino de vuelta a casa porque conoces la senda de memoria.

Al cabo de un rato te acostumbrarás a sentirte bien y ubicado. Se siente como algo natural, tranquilizador y fácil de ejercitar.

Lo que, en efecto, estás haciendo es expandir tu conciencia. Estás desarrollando un nuevo músculo que intensifica tu conciencia y permite que la creatividad fluya. Estás aprendiendo a ser libre, abierto y sin límites, ya que es así quién eres en verdad.

Cada vez que meditas, asientas otra capa de conciencia, como los anillos en el tronco de un árbol. Recuerda: la conciencia que elaboras (momento consciente a momento consciente) es lo que te llevarás contigo cuando fallezcas. Forma parte del conocimiento acumulado de tu alma, de la sabiduría de tu alma. Es la base de lo que eres, y se convierte en parte del continuo de tu yo infinito.

Al principio te sorprenderás de lo ocupada que está la mente, de cuántos pensamientos tienes. Los pensamientos simplemente no dejan de fluir. Quizá te preguntes cómo podrías estar calmado y tranquilo en el interior de todo eso. El truco consiste en aprender a dejar que eso suceda. No intentes detener tus pensamientos, simplemente permítelos. Permanece de pie en el centro de ellos sin aferrarte a ninguno, sólo has de ver cómo los pensamientos pasan, absolutamente maravillado de este increíble desfile que estás contemplando. Tú eres el observador del desfile, y no el desfile.

Capítulo 9

CREAR UN ESPACIO SAGRADO

El espacio sagrado está donde estás tú.

Todo es sagrado, y cualquier lugar en el que estemos es sagrado. Pese a ello, algunos lugares tienen una mayor potencia espiritual que otros. Cuando muchos de nosotros decidimos, a lo largo de muchos años, que un lugar es sagrado, queda imbuido de más energía sagrada. Vemos y sentimos que esos lugares exudan santidad. Esto se debe a la intención.

Imagina una catedral, por ejemplo, levantada con el objetivo específico de que los creyentes acudieran a ella para practicar la veneración. Los arquitectos y los artesanos que la diseñaron y construyeron sabían cuál sería su fin. Cada clavo, cada baldosa utilizada fueron colocados allí por una persona concreta que pretendía que ése fuera un lugar sagrado. Añade a ello la intención y la devoción de los sacerdotes en su cabecera, y todas las vestimentas, los rituales y los símbolos utilizados en las ceremonias. Por último, suma los miembros de la congregación, con todas sus creencias y sus oraciones sinceras. Multiplica todo esto por los años en que se ha practicado la adoración en esa catedral y podrás ver cómo la intención crea un espacio sagrado.

El espacio sagrado se encuentra allá donde estés. El espacio se vuelve sagrado por el reconocimiento de nuestra bondad, nuestra santidad en el lugar en el que nos hallamos, tal y como estamos. Cuando meditamos, creamos de forma consciente un espacio sagrado decidiendo, sencillamente, que lo es. Si llevamos toda nuestra plena conciencia a ese lugar, le imbuimos de nuestra alma, y queda transformado energéticamente.

Si hay un espacio en tu hogar que ya te parece especialmente tranquilo, ése será un sitio lógico en el que meditar. Cualquier lugar en el que haya calma y sea silencioso es un buen sitio para empezar. Puede que sientas eso en la habitación o el jardín. Yo suelo meditar en mi balcón, que es un mirador del horizonte urbano de la ciudad, pero también he meditado en la butaca del dentista, en el aeropuerto e incluso en mi coche, ya que ése fue en un momento determinado el lugar más tranquilo que pude encontrar.

En mi casa dispongo de un lugar adecuado que me gusta. A mí me parece ideal. Es sosegado y tiene una ventana que da al jardín, y mi mesa de trabajo no está nada cerca. Es perfecto.

Sólo es necesario que ese espacio te resulte adecuado, y lo sabrás por la forma en la que te hace sentir. Simplemente, te parecerá correcto. Una vez que lo hayas encontrado, desconecta los teléfonos, dedícate un tiempo, debes decirte a ti mismo que quieres concentrar tu conciencia ininterrumpidamente durante el siguiente período de tiempo.

Cuanto más medites en el mismo lugar más quedará éste imbuido de paz. El simple hecho de pasar por su lado o incluso de pensar en él te infundirá la calidad de la conciencia que hayas invertido allí: ¡es como un banco! Gracias a la repetición construirás tu propio lugar único de poder y conciencia. Se convertirá en tu propio altar viviente.

Recuerda también que, aunque puedas conferir poderes a un hogar para que te proporcione una sensación de carácter sagrado, no olvides que, en primer lugar, *tú* eres el generador de esa sensación, y que puedes llevarte esa sensación contigo allá donde vayas. Debes saber que puedes crear un espacio sagrado en cualquier lugar.

Capítulo 10

SENTARSE

Siéntate, cálmate y sabe.

La primera cosa que necesitarás para meditar es encontrar una postura cómoda en la que estar, de modo que puedas sentarte en silencio durante un rato. Ya es algo lo suficientemente exigente tener que ocuparse de las quejas de la mente como para encima tener que enfrentarse a los problemas del cuerpo. Si te sientes incómodo o inquieto, podría resultar difícil sentarse tranquilo o sosegar la mente, y tu meditación podría convertirse en una meditación sobre la incomodidad y la tensión.

Sentarse con las piernas cruzadas es la postura más común para la meditación, pero no es esencial para su práctica. Es, simplemente, una postura cómoda para algunas personas. La meditación tuvo su origen en un tiempo en el que normalmente la gente se sentaba en el suelo, pero existen otras razones para sentarse con las piernas cruzadas. Puede que éstas se vuelvan importantes a medida que tu práctica se vaya desarrollando poco a poco, pero el principal objetivo de mantener una postura con las piernas cruzadas es que mucha gente la encuentra relajante y natural.

Una vez más, lo importante es estar cómodo. Puedes sentarte en una silla, un sofá o apoyando la cabeza en el cabecero de tu cama. Puedes sentarte en el banco de un parque, sobre una sábana en el jardín, o en un neumático que cuelgue de un árbol. Sobre todo debes sentirte cómodo. Si tu columna vertebral puede mantenerse recta, mucho mejor.

La palabra clave es «comodidad». A lo largo de los años, he trabajado con muchos alumnos que por una razón u otra no podían sentarse de forma cómoda, así que lo que hago siempre es aconsejarles que se echen. Incluso pese a que esta postura modifica un poco la dinámica de las energías, funciona. El único problema es que estamos condicionados a quedarnos dormidos cuando estamos acostados, así que tendrás que trabajar un poco más duro para mantenerte despierto. Sin embargo, como sentirse cómodo es tan importante, si te parece que necesitas estirarte al principio para tranquilizarte, entonces acuéstate.

Realmente no importa si te sientas o te estiras: siempre que hagas algo con plena conciencia estarás meditando. Caminar conscientemente, lavar los platos conscientemente, cantar una nana conscientemente: todo es meditación.

Pese a ello, me gusta sentarme. Funciona bien, invita a sufrir menos distracciones e incrementa las posibilidades de llegar a tu verdadero yo. No olvides desconectar el teléfono y hacer todo aquello que necesites para evitar las interrupciones. Querrás generar las condiciones óptimas para tener una experiencia profunda y auténtica.

Capítulo 11

RESPIRAR

La respiración es el puente entre el alma y el yo.

Una de las cosas que más me gustan de la meditación es que no necesitas nada más que a ti mismo para llevarla a cabo. Todo lo imprescindible ya lo tienes, incluida tu respiración. No tienes que intentar respirar: es una acción automática.

La respiración es el puente entre el alma y el yo. Cuanto más conectados estemos con nuestra respiración, más lo estaremos con nuestra alma. Cuando dejamos de respirar, esto significa que, de algún modo, estamos desconectándonos de nosotros mismos, de nuestros sentimientos, de nuestra fuerza vital.

Repara en tu respiración ahora. ¿Estás limitándola de algún modo? ¿Está dándose de forma natural y plena? ¿Sientes el pecho tenso? ¿Lo sientes abierto? La respiración es un poderoso barómetro de tu estado de ánimo y uno de los aceleradores más potentes que existen para expandir la conciencia.

Puedes encontrarte aguantando la respiración cuando estás tenso, o concentrándote, o molesto. Cuando la respiración es natural y relajada, el vientre y el pecho se expanden mientras inspiras, y luego se contraen suavemente mientras espiras. Cuando la respiración es tensa, este patrón puede invertirse, y generar distintos desequilibrios en tu fisiología, tu psicología y tus cuerpos energéticos. Cuando te sientas nervioso o preocupado, comprueba tu respiración. Asegúrate de que el área abdominal se esté expandiendo con la inspiración y relajándose con la espiración. Esta conciencia de la respiración es una meditación por derecho propio.

Asegúrate, a lo largo del día, de inspirar y espirar por la nariz. Esto ralentiza la respiración, calienta y purifica el aire en su camino hacia los pulmones y potencia el proceso de la relajación.

Si la respiración es superficial, se produce tensión en el cuerpo. Te sorprenderías al conocer la frecuencia con la cual la respiración es tensa, y lo que es peor todavía, la frecuencia con la que apenas respiras en absoluto. Cuando la respiración es plena y profunda, este hecho es una buena indicación de que estás física, mental y emocionalmente equilibrado. Observa a un bebé respirar y verás su vientre expandiéndose mientras inspira y volver a su posición original mientras espira. Está completamente relajado.

Ahora respira hondo. Percibe lo fácilmente que todo tu ser entra en un equilibrio tranquilo, simplemente con una única respiración. La respiración es como una ola: lejos de la costa empieza a formarse una ola... *inspira*... Se forma, a partir de las profundidades, una poderosa y embravecida expansión que se aproxima deprisa hacia la costa, ganando impulso, expandiéndose y expandiéndose. Luego forma una cresta y se curva, y finalmente... *espira*... rompe contra la costa, desapareciendo en forma de burbujas y espuma mientras empieza a retroceder en su largo viaje de vuelta, de nuevo, hacia las profundidades del mar... *inspira*...

Con una respiración profunda y completa, tu meditación cobra vida. Se encuentra en el flujo, como el mar. Es infinita y cambiante. Cuando la respiración fluye, la mente fluye, y nos expandimos. La respiración es tu guía. La respiración nos está proporcionando retroalimentación continuamente: es momento de avanzar, es momento de quedarse quieto; es momento de escuchar, es momento de hablar; es momento de aferrarse, es momento de dejar ir.

Una respiración es un ciclo completo en sí mismo, se auto-perpetúa y es constante. No tenemos que intentar respirar: lo hacemos sin esfuerzo. Es lo que nos da vida. Es la primera cosa que hacemos al nacer, y es lo último que hacemos cuando la abandonamos. Es nuestra fuerza vital.

El sonido y la calidad de la respiración son el mejor maestro que nunca tendrás. Nada puede orientarte con más seguridad o de forma más íntima que escuchar tu propia respiración.

Permite que la respiración sea la canción de tu vida. Aprecia su armonía. Aprende la melodía que está cantando. Aprende a comprender y a respaldar también la falta de armonía. Tu canción es la tuya propia, y es hermosa y única.

Capítulo 12

INTENCIÓN

La meditación es un acto de voluntad.

Tan pronto como escojas un lugar para meditar y desconectes el teléfono, estarás asentando tu intención. La meditación es una práctica de la reflexión, la concentración y el mantenerte firmemente contigo mismo. Esto supone un gran acto de voluntad, porque, en general, cuando nos sentamos por primera vez para meditar, se nos ocurren cien razones para abandonar esa acción. Nos encontramos preguntándonos sobre todo tipo de cosas: ¿he guardado los platos? ¿He devuelto esa llamada? Ese armario necesita, realmente, una buena limpieza. Las distracciones pueden parecer interminables.

Lleva disciplina, o tal y como dice el autor y maestro espiritual Michael Beckwith, *dichciplina,*[1] mantenerse concentrado en el espíritu. La mente divaga hacia cosas mundanas, pero las bendiciones y los conocimientos que obtenemos de una práctica diaria de la meditación de aunque sólo sean cinco minutos son incalculables. Nos expandimos de una forma sutil pero poderosa. Accedemos a algo mayor que nosotros mismos, una conciencia pura que deja una profunda impre-

---

1. Se trata de un juego de palabras en inglés (*blisscipline*) que sería la unión entre gozo o dicha + disciplina. *(N. del T.).*

sión. Asentar nuestra intención y ceñirnos a ella es la clave que abre este vasto reino de posibilidades.

Este mundo interior es tu templo privado, tu conexión directa con la gracia. La gente suele encontrar difícil describir este reino, ya que queda mucho más allá de lo que puede describirse con palabras: es, literalmente, metafísico, se encuentra más allá de la experiencia física. Cuando intentas describir tus experiencias de meditación, suenan o excesivamente glamurosas o increíblemente sutiles, y de cualquier modo, suelen ser malinterpretadas. Pero no es necesario ponerlas en palabras. Deja que tus experiencias sean exclusivamente de tu conocimiento privado. No necesitas ninguna validación del exterior: tú eres el único que necesita saber lo que tu meditación te ha enseñado.

Asentar tu intención para meditar asegura que la practicarás. Una vez hayas establecido este principio, esto generará una piedra de toque de energía que te reclamará una y otra vez.

Capítulo 13

ATENCIÓN

Allá donde fluye la atención, le sigue la forma.

Una de las razones por las cuales es importante que te sientas cómodo en tu postura para practicar la meditación es para que puedas permitirte descansar en un estado de atención relajada durante un rato. *Relajado* y *atención* pueden parecer ideas opuestas, pero esta pareja de palabras es lo que más se acerca a describir cómo orientarte en la meditación: estar relajado y atento al mismo tiempo.

Piensa en un gato que permanece sentado inmóvil, observando a una mariposa que revolotea por el jardín. O piensa en un gallo, tranquilo y relajado, de pie en el perfecto silencio de la oscuridad, atento al amanecer, receptivo a esa inevitable iluminación de la primera luz del alba.

La meditación es la decisión de conocernos a nosotros mismos como espíritu, como alma. Creamos las condiciones que permiten que este proceso tenga lugar. Creamos un entorno que es propicio para llegar a conocer el alma. La meditación nos da la oportunidad de escuchar la canción de nuestra alma. Nos permite escuchar esa voz calmada y tranquila de nuestro interior.

Independientemente de aquello a lo que prestemos nuestra atención (todo lo que vemos, oímos, sentimos y experimentamos), eso se expande en nuestra conciencia y se traduce en nuestra experiencia vital. En la meditación obtenemos la oportunidad de ver lo que estamos creando y de reevaluar o recalibrar conscientemente las decisiones que tomamos. Cuando meditamos, estamos aprendiendo a ser conscientes de nuestros pensamientos. La mayoría de nuestros pensamientos son un comentario en marcha sobre lo que está sucediendo a nuestro alrededor y una recreación de nuestra realidad momento a momento. Cuando nos sentamos para meditar, somos conscientes de cómo estamos creando nuestra realidad y de cómo podemos remodelarla a medida que avanzamos.

Uno de los antiguos acertijos educativos que un gurú expone a su alumno para que lo valore es: «¿Quién es el pensador del pensamiento?». La meditación hace que la luz resplandeciente de nuestra conciencia resplandezca en la oscuridad de nuestra mente subconsciente, que es el piloto automático de nuestro cerebro. Nos volvemos conscientes de lo que estaba escondido. Nos despertamos del sueño.

Capítulo 14

ESTANDO CONTIGO MISMO

Solo = todos uno.

La mayoría de nosotros no sabemos estar solos. Nos asusta la oscuridad en el exterior cuando somos pequeños, y nos da miedo la oscuridad de nuestro interior cuando crecemos. Aprendemos a llenar los espacios oscuros con la televisión y los periódicos, las drogas, permaneciendo ocupados y con cualquier otra cosa en la que podamos pensar: lo que sea con tal de no estar solos. Pero si examinamos la palabra *solo*, veremos que procede de la palabra compuesta *todos-uno*.[2] Existe una gran diferencia entre las palabras *solo* y *solitario*.

Cuando meditamos, entramos en nuestro interior. Más tarde o más temprano descubrimos algo muy precioso. Tocamos brevemente el diamante de nuestro corazón. A veces está cubierto de barro, pero no permitas que eso te engañe: sigue siendo un diamante. El barro es nuestra vergüenza, nuestro dolor, nuestra convicción de la falta de merecimiento y el aislamiento. Todo esto son ideas equivocadas producidas por el ego. Tapan nuestra luz.

---

2. Juego de palabras en inglés entre *alone* (solo) y *all-one* (todos uno). *(N. del T).*

Cuando meditamos, descubrimos que no estamos solos. Encontramos nuestra conexión más profunda con el conjunto de la vida, y llegamos a saber que todos somos uno. Somos amados. Somos buenos. Somos perdonados.

Cada vez que decides estar presente, te vuelves más consciente de tu parte más expansiva y elevada. Esta capacidad de alcanzar siempre algo es lo que hace a la humanidad especial. Alcanzamos. Aspiramos.

¡Fíjate en lo magníficos que somos! Alcanzamos las estrellas. Volamos como ángeles. ¿Quién, sino nosotros, intentaría volar hasta la Luna? Somos hermosos soñadores, buscadores, visionarios e inventores, y cambiamos el mundo.

Y lo mejor de todo es que tenemos la gran capacidad de querer saber. ¡Eso es lo que más me gusta de nosotros! ¡Queremos saber! Decimos: «¿Y sí?». «¿Y ahora qué?». «¿Qué viene a continuación?». Siempre estamos creciendo y evolucionando sin fin.

La meditación está llena de asombro. Nos hace girar constantemente en espiral hacia dentro y arriba, elevándonos hacia reinos cada vez más elevados de conocimiento, creatividad y amor. La meditación nos enseña cómo estar presentes ante la maravilla del momento. Nos sentamos, tranquilos y solos, pero entonces descubrimos que nunca hemos estado solos en absoluto. Todos estamos en este viaje juntos: todos nosotros, de regreso a casa.

Capítulo 15

QUIETUD

*En un simple momento, todo puede cambiar
y todo puede ser.*

A veces sentirás la quietud. Ésta es una experiencia que resulta difícil de expresar y muy personal. Cada uno la siente de forma distinta, y esta cualidad varía constantemente, como las constelaciones que se mueven sin cesar formando un arco a través de la bóveda del cielo nocturno. Aquí se encuentra la esencia de la meditación. Es una quietud suprema, plena y completa e íntegra. La reconocerás cuando suceda. No se da cada vez que meditas, pero lo sabrás cuando se produzca.

Una de las formas en la que reconocerás la quietud es que se convierte en una parte permanente de tu banco de memoria celular y en un estado de ánimo al que tienes acceso. Puedes regresar a él. Se convierte en algo que puedes recordar como una experiencia vital, o una relación, o una aventura que experimentaste hace mucho tiempo. Lo sabrás, porque se convierte en una parte de quién eres.

Así pues, está bien que esta profunda quietud se dé sólo de vez en cuando: está diseñada así. Necesitas tiempo para asimilarla. Necesitas tiempo para integrar el profundo aprendizaje y conocimiento que procede de ella. Cuando se da una profunda quietud, te encuentras fuera del círculo del tiempo, tal y como lo conocemos. Regresas a tu yo infinito, y en un sencillo momento (dentro de esa quietud) todo puede cambiar y todo puede ser.

Capítulo 16

PREGUNTAS COMUNES

Pedid y se os dará.

Mateo 7:7.

Al enseñar la meditación, he comprobado que ciertas preguntas surgen una y otra vez. Cada una de ellas es importante y fundamental para la práctica de la meditación.

¿Durante cuánto tiempo debería meditar?

Si estás empezando con la práctica de la meditación, te aconsejo que te sientes cinco minutos al día por la mañana o por la tarde. Ésta es una práctica fácil y realizable. La idea consiste en hacer una promesa que sepas que cumplirás. Si te decides por media hora, puede que funcione durante algunos días, pero luego puede que te desalientes, y quizá te saltes un día, y luego otro, y muy pronto te encontrarás con que no meditarás en absoluto.

Puede que escuches diferentes instrucciones de profesores de distintos sistemas de meditación. Muchas escuelas sugieren meditar durante veinte minutos al día, pero otras consideran que se debe meditar durante una hora, o más, al día. Todos estos distintos sistemas son válidos y funcionan.

Mi consejo es que dediques la cantidad de tiempo que creas que *realmente* te podrás consagrar a ello. Haz un pequeño trato contigo mismo. La constancia es más importante que la cantidad, y la calidad de tu conciencia es más importante que la cantidad de tiempo que dediques. Cuanto más constante seas, más obtendrás de ello.

Lo importante es practicar la cantidad de tiempo que funcione en tu caso y que te comprometas a ello. Animo a la gente a meditar durante un cierto período de tiempo cada día. El objetivo de la práctica de la meditación es su propia práctica. No funcionará si no la llevas cabo.

Muy pronto descubrirás que tienes una práctica de la meditación asentada en curso. Cuando la vida se ponga difícil, te darás cuenta, de repente, de que dispones de un lugar interior seguro al que puedes regresar con facilidad: un sitio en el que vuelves a encontrar tu centro. Mientras prosigues con tu práctica descubrirás algo maravilloso: cuanto más difíciles se pongan las cosas, más centrado permanecerás. Cuando surjan problemas, ya no te verás afectado tan intensamente por la circunstancias impredecibles de tu alrededor. En lugar de ello, comprobarás que se ha producido un gran cambio en tu interior y que puedes observar, tranquila y claramente, lo que está sucediendo sin verte embarullado por ello. Te encontrarás con que todos esos sencillos períodos de meditación han provocado un gran cambio interior. Ya no estarás sometido al capricho de las circunstancias. Habrás encontrado una nueva sensación de paz y libertad.

A ese respecto, no hay mejor momento para meditar que durante esos períodos difíciles. Un profundo proverbio Zen dice: «Deberías sentarte a meditar durante veinte minutos cada día, a no ser que estés demasiado ocupado: en tal caso deberías sentarte durante una hora». Esto reafirma mi idea. Te animo a meditar con más frecuencia (y no menos) durante las épocas difíciles. Es entonces cuando más necesitarás la meditación y cuando su práctica te aportará los máximos beneficios. Pero también es ésta la época en la que es más probable que abandones la meditación, así que ten cuidado para no dejarte llevar por las circunstancias estresantes que se dan a tu alrededor y hazlo lo mejor que puedas para ser constante en tu práctica.

Cuando la vida se ponga difícil, prueba a meditar una vez por la mañana y otra por la noche. Puedes escuchar las meditaciones incluidas en este libro o regresar a tu sencilla práctica de cinco minutos de duración. Quizás esto parezca poco tiempo, pero te mantendrá en el buen camino; y si tu práctica ha flaqueado, te devolverá a la senda de nuevo. Piensa en tu práctica de la meditación como en un regalo que te haces, y no como en una tarea rutinaria. Esos cinco minutos pueden salvarte la vida.

¿Qué hago con las manos?

En las antiguas enseñanzas, quienes practicaban la meditación colocaban las manos en distintas posiciones llamadas *mudras*, que es una palabra sánscrita que denota un símbolo para un estado concreto de conciencia. Si, por ejemplo, haces que contacten las yemas de tu pulgar y tu índice, eso recibe el nombre de *jnana mudra*, que es el símbolo que representa el conocimiento. El dedo índice representa al yo individual, y el pulgar al alma universal, y juntos simbolizan el conocimiento que se da cuando el yo y el alma se unen en la meditación.

Hay muchas formas de colocar las manos, y cada una de ellas tiene un significado y un objetivo distintos. Algunas posturas te resultarán naturales, y la que escojas sin ni siquiera pensarlo supondrá un excelente punto de partida. Puedes cruzarlas o entrelazarlas. Puedes dejarlas reposar sobre tu regazo, con las palmas hacia arriba o hacia abajo. Puedes colocarlas juntas, reposando suavemente la una sobre la otra.

Muchos nuevos alumnos empiezan, instintivamente, con las palmas hacia arriba. Ésta es una postura de receptividad, y es un buen punto de partida. Lo que dice es: estoy dispuesto y abierto. Puedes probarla ahora. Cierra los ojos y deja reposar las manos, con las palmas hacia arriba, sobre tu regazo. Percibe las sensaciones en tu cuerpo y tu mente. Ahora vuelve las palmas hacia abajo. ¿Puedes notar la diferencia? ¿En cuál de las dos posturas te sientes más cómodo?

Mientras te embarcas en tu práctica, percibe qué es lo que quieren hacer tus manos; confía en ello y hazlo. Será perfecto.

¿Qué sucede si no puedo dejar de pensar?

Inevitablemente, los nuevos alumnos se acercan a mí tímidamente al final de una clase o taller y me dicen: «Sencillamente, no puedo mantener mi mente quieta. Sigo pensando y pensando, y no puedo detener mis pensamientos». Yo me río y les digo: «Bueno, bienvenido al club. No hay ninguno de nosotros que no experimente esto».

La función de la mente es generar pensamientos. Algo iría mal si no hiciera eso. Pensar es la función del ego: siempre está intentando comprender las cosas.

El ego suele ser malinterpretado con mucha frecuencia y se le representa injustamente. Si no tuviéramos un ego no seríamos seres humanos. El objetivo del ego consiste en ayudarnos a estar en el mundo, por lo que sigue pensando durante todo el tiempo, desempeñando su trabajo. Quiere que sobrevivamos. Quiere mantenernos seguros. Quiere que nos sintamos especiales. Si no dispusiéramos de un ego, no haríamos nada en absoluto. El ego no es malo: es la fuerza impulsora que hace que queramos cosas y que intentemos cosas. Nos motiva a competir, crear y desear, y a avanzar y vivir en el mundo. Eso no es una mala cosa. Es una parte natural del hecho de ser humano.

Cuando meditas se da un gran cambio en la conciencia: aprendes a ver tus pensamientos en lugar de unirte a ellos. Siguen dándose, pero no estás directa ni emocionalmente implicado. Estás, simplemente, sentado tranquilo, observando los pensamientos. Al ser consciente de ellos, permaneces presente en el momento, te encuentras en un estado de gracia.

Al sentarte para meditar, quizás empieces a pensar en una conversación que quieres mantener con alguien más tarde, pero mientras meditas te darás cuenta de que estás pensando acerca de la conversación. En el momento en el que te vuelvas consciente de esto, el propio pensamiento se dispersará.

Los pensamientos seguirán acudiendo. Eso es lo que hacen. Piensa en ellos como en pompas de jabón, pequeñas burbujas de pensamiento. Surge una burbuja, un pequeño mundo de una idea, como esa conversación que quieres tener. Y entonces te vuelves consciente del pensamiento, de la burbuja y, ¡pop!, regresas al espacio entre las burbujas, entre los pensamientos, y vuelves a encontrarte plenamente y de nuevo en el momento actual. Entonces surgirá, con toda seguridad, otro pensamiento y, ¡pop!, el proceso continúa, una y otra vez.

A lo largo de los milenios, se ha escrito y enseñado mucho sobre esto, ya que es esencial para toda meditación. Existe un gran pero sencillo descubrimiento en el núcleo de ello: tú no eres tus pensamientos, los pensamientos simplemente suceden.

Al darte cuenta de que estás absorto en pensamientos o atrapado en una de esas burbujas, y reparar en que lo estás (¡pop!), regresas rápidamente al momento y a la respiración actuales, ahora. Cada vez que haces esto, rompes el hechizo de la ilusión. Te conviertes en tu verdadero yo de nuevo. Eres consciente de que eres eterno y hermoso, y esta comprensión queda más profundamente encarnada en tu interior. Te das cuenta de que tienes un alma, un gran espíritu y quedas vinculado a él. Tu cuerpo, tus emociones, tus pensamientos y tu alma permanecen unidos.

Verás, el proceso es sencillo. Todo lo que necesitas es volverte consciente de ti mismo y permanecer ahí durante un rato: reconocer tus pensamientos por lo que son y dejarlos ir, y regresar al momento actual.

¿Qué estilo o tradición debería escoger?

He estudiado muchas formas de meditación. Me han encantado todas por distintas razones, pero algunas sintonizan más conmigo que otras. Pese a ello, la esencia de la meditación es la misma, independientemente de la forma. Nos muestra nuestra conexión con toda forma de vida. Nos muestra nuestra plenitud. Conecta nuestros egos a algo mayor, y nos permite darnos cuenta de todo el amor que está presente en todo momento.

El estilo o la tradición que elijas es una decisión personal. Lo importante es dar con lo que funcione para ti. Puedes sentirte atraído por la majestuosidad formal del catolicismo y disfrutar verdaderamente de rituales como la comunión, la confesión y el rosario. O quizá te sientas atraído por las antiguas tradiciones del judaísmo, impregnado de un diálogo dinámico y de oraciones entonadas de forma hermosa. Puede que el budismo Zen te resulte atractivo por su orden y sencillez. O puede que el hinduismo, imbuido de una ceremonia colorida y mítica, sea lo que llame más tu atención. Cada sistema, con su forma propia y única, ofrece un espectro completo de experiencias y un camino sagrado cohesivo.

Mi objetivo es mostrarte el corazón de la meditación, y esta práctica funcionará con cualquier tradición que decidas adoptar. Existe un precioso diamante en el núcleo de la meditación, al igual que lo hay en nuestro núcleo, y está presente en el centro de cualquier estilo de práctica de la meditación, independientemente de lo diferente que una pueda parecer de otra. El elemento central de la meditación es el amor, amor en el más elevado de los sentidos, más allá del amor personal o espiritual. Es la energía vital del universo, una energía que no está especialmente vinculada a nada, pero que está conectada con todo. Es eterna y se encuentra por doquier, sin excepción.

Independientemente de dónde te lleve tu camino espiritual, debes saber que es perfecto. Puedes muy bien acabar diseñando tu propio camino único, uno que te lleve un poquito allí y un poquito allá, permitiendo que tu propia voz interior te oriente. La meditación puede potenciar este camino, sea cual sea.

La meditación no tiene que ver con la religión o el dogma, la técnica o la perfección. Tiene que ver con tu viaje espiritual. Tu viaje es único, personal y sagrado. Te llevará a la cima de la montaña. No importa si usas la meditación en un contexto religioso o si la usas como un medio para, simplemente, hacer que tu mente se concentre: es flexible. Verás y sentirás sus beneficios prácticamente de inmediato.

¿Qué sucede si no lo estoy haciendo bien?

Ésta es mi pregunta favorita. Hay muchísima gente que cree que no está meditando correctamente. En esta pregunta subyace la desconfianza en uno mismo, la creencia de que, cuando verdadera y realmente eres tú mismo, es que algo anda mal en ti. Esta presuposición subyacente puede conducir a muchas personas que buscan la espiritualidad a abandonar su práctica de la meditación. Si hay un principio espiritual del que puedes estar seguro es éste: lo que somos en nuestro núcleo es perfecto. Somos sagrados. La forma en la que medites (tu estilo, la forma en la que experimentes cada momento) también es perfecta.

Si sólo tuviera un mensaje para darte, sería el siguiente: *confía en ti mismo*. La meditación te proporciona una forma de conocerte a ti mismo y de confiar en ti mismo, de comprender de verdad lo que piensas, cómo te sientes y quién eres. Desde este punto de observación descubres nuevas formas de pensar, y empiezas a aportar plenamente tu propia voz y a cantar tu propia y única canción al mundo.

¿Qué hay acerca de la meditación en grupo?

Me encanta meditar en grupo. ¿Recuerdas la última vez que estuviste en una iglesia o un templo... o, incluso, en un partido de fútbol? Es tan fácil conectar con la energía de un grupo. Puedes deslizarte hasta su interior. Si imaginas cómo te sientes al escuchar solo una buena canción en casa y lo comparas con escuchar esa misma canción en vivo en un concierto, podrás percibir lo poderosa que puede ser la energía de un grupo. Meditar con un grupo suele provocar una experiencia intensificada. Sin embargo, no puedes meditar siempre en grupo, y el valor de la meditación reside en su práctica diaria.

Hay lugares en el mundo, como *ashrams*, monasterios y conventos, en los que todos están dedicados al ideal de la meditación en todo momento. Este tipo de vida puede hacer que resulte más fácil que te mantengas en tu camino, pero para la mayoría de nosotros ésa no es la vida que hemos escogido. Tenemos hijos que criar, trabajos que atender, estudios a los que dedicarnos, relaciones que cultivar, etc. Una vida espiritual implica que participemos, que estemos en el mundo sin formar parte del mundo. La meditación nos proporciona este equilibrio único, integrando nuestra vida interior y exterior.

Independientemente del tiempo que pases meditando por tu cuenta, la práctica potenciará tu lucidez y tu receptividad. Luego, cuando medites en grupo, tu conciencia intensificada se convertirá en tu contribución al grupo. La experiencia del grupo aumenta porque estás ahí. Tú afectas al grupo, y el grupo te afecta a ti.

¿Puedo formular preguntas durante mi meditación?

Una de las cosas favoritas, para mí, que hacer durante la meditación es introducir una pregunta en ella. Cuando me estoy preocupando por algo, traigo a colación la preocupación en mi meditación. Todo lo que tienes que hacer es introducir la idea, la circunstancia, la persona, el evento mundial (sea lo que sea) en tu mente, con el pensamiento de que estás abierto a considerarlo de una nueva forma. Te sorprenderás de los conocimientos que adquirirás cuando traigas problemas de la vida real al laboratorio de tu mente superior. Tú ya conoces, realmente, las respuestas de antemano.

Sin embargo, si entras con una idea fija también saldrás con una idea fija, así que es importante permanecer abierto y no presuponer el resultado. Resiste la tentación de asumir la respuesta antes de exponer la pregunta durante la meditación, o de planear la forma en que quieres que resulte, la forma en que crees que debería discurrir. Hacer presuposiciones y planes reduce las posibilidades. Vacía tu mente y observa qué surge. Quedarás sorprendido de lo que sabes.

¿Cómo puedo saber si lo que estoy experimentando no es más que mi imaginación?

Aquí está la conclusión, y es realmente sencilla y muy importante. Cuando te estás conectando a la verdad en tu meditación, siempre la percibirás como si fuera amor. Si hay critica, dudas, ira, castigo, comparación, egocentrismo, arrogancia, orgullo, autocompasión, pena, dolor, depresión, resignación, miedo, codicia, envidia, competencia, presión, pereza, justificación, juicio, irritación, imitación, debate, confusión, monotonía, insensibilidad o culpabilidad, entonces es ego, y no amor, ni tampoco verdad.

Cuando sea verdad, sonará a verdad. Lo sabrás porque no tendrás que trabajar duro para recordarla. No tendrás que repetirla una y otra vez en tu mente. Se convertirá en un conocimiento en lugar de un pensamiento, y tu práctica de la meditación se intensificará.

¿Debería concentrarme en algo?

Existen muchos puntos de atención diferentes que puedes usar cuando medites. El objetivo de un punto focal o de atención es crear un punto de concentración de modo que tu mente se distraiga menos. Te ayuda a estar concentrado durante el transcurso de la meditación.

En algunas tradiciones, los ojos se mantienen abiertos: a esto se le llama a veces contemplar, y miras hacia el espacio, pero no enfocas tu vista en nada especial. Otros estilos de meditación te piden que te concentres en un objeto, como la llama de una vela, una flor o incluso tu propia imagen reflejada en un espejo. Muchas tradiciones se concentran en la respiración, con técnicas que incluyen el contar tranquilamente cada respiración o, simplemente, seguir la sensación de la respiración a través de los orificios nasales mientras inspiras y espiras. Algunas tradiciones hacen que te concentres en uno de los centros de energía del cuerpo, que se llaman *chakras*. Existen siete *chakras* principales, y cada uno de ellos provoca diferentes resultados.

Hay también muchas otras técnicas para concentrar tu meditación, y van desde visualizar formas geométricas hasta imaginar el sonido del mar. Todas estas técnicas tienen un objetivo, todas son útiles y cada una de ellas enseña posiciones concretas de conciencia. Encuentra la forma que más encaje contigo.

En respuesta a las preguntas sobre cómo sentarse o qué hacer con las manos, propongo un proceso de descubrimiento personal, especialmente al principio de tu práctica. Lo que te veas impulsado a hacer de forma natural probablemente será lo mejor para ti. Pregúntate qué es lo que percibes como natural y correcto cada vez que te sientes a meditar.

Si estás trabajando con un maestro, puede que te sugiera un punto focal concreto, o una oración llamada *mantra*, o una posición de las manos para usar en tu meditación. Úsalos y observa qué pasa. Puede haber una profunda sabiduría en la orientación intuitiva de un buen maestro, y puede que acelere enormemente tu aprendizaje o bien que reduzca cualquier resistencia que pueda existir en ti.

¿Qué sucede si veo colores o imágenes?

Cuando meditamos, es frecuente que veamos colores o imágenes, que oigamos sonidos, que experimentemos sensaciones o que tengamos conversaciones completas con nosotros mismos. Existe una naturaleza como de ensoñación que puede darse en una meditación, y al igual que en un sueño, podemos crear paisajes imaginarios para llenar el espacio de la meditación. A veces el cerebro se aburre y empieza a fabricar todo tipo de escenas imaginarias para mantenerse ocupado. Esto puede ser una simple distracción, pero a veces puede suponer una parte importante de la propia meditación.

Un maestro puede proporcionar una indicación que, por ejemplo, dirija tu conciencia hacia un cierto punto focal de la mente, y en su interior puede que veas el color índigo o un punto de luz pura. Esto puede suponer una prueba de un cierto estado de conciencia, mostrándote que te encuentras en el lugar adecuado desde el punto de vista energético.

Se pueden producir muchos sucesos extrasensoriales durante la meditación. Lo mejor suele ser no apegarse excesivamente a estas percepciones: de ese modo seguirás creando una pizarra impoluta que permitirá que surjan niveles más profundos de conocimiento interior. Piensa en ello como en una pizarra que sigues borrando para ver qué aparece a continuación, empezando una y otra vez con una pizarra en blanco.

Estas percepciones extrasensoriales no son la parte más importante de tu práctica, sino la apertura tranquila hacia tu propia sabiduría interior que te permite iniciarte en mayores grados de expansividad y amor.

¿Qué sucede si no veo colores ni imágenes?

Cada persona experimenta la meditación de forma distinta. Al igual que con el aprendizaje, algunas personas son más visuales, otras más auditivas y algunas son kinestéticas. Confía en tu experiencia exactamente de la forma en que se dé para ti. No dudes de ti mismo. No intentes experimentar la meditación de la misma forma en que lo hace otra persona. Tu forma es la forma correcta, y lo que experimentas en tu meditación es perfecto. La nada puede ser absolutamente profunda, y lo mismo puede pasar con los casos en los que hay algo, aunque ninguno es más correcto que el otro. Comprobarás que todo lo que ocurre está orquestado en aras de tu mayor bien... si permites que te lo muestre.

En el mundo metafísico, el camino más corto entre dos puntos no siempre es una línea recta. ¡El espacio es curvado! Cada uno de nosotros debe encontrar su propia forma particular, y cuando dejes que tu meditación te muestre el camino verás que tu senda es la ruta más rápida y elegante.

¿Qué ocurre con los estados difíciles durante la meditación, como las preocupaciones y el miedo?

Si te encuentras en un estado de agitación (ira, celos o preocupaciones, por ejemplo) el mejor consejo es que simplemente respires hondo y te relajes. Sigue respirando, cada vez más hondo, y te encontrarás con que la tensión empieza a desaparecer lentamente. Por debajo, la agitación es una quietud tranquila. Si permaneces en este lugar el tiempo suficiente, alcanzarás el conocimiento de lo que estos estados de incomodidad están intentando mostrarte. La meditación te enseñará a permanecer en estos estados de ánimo hasta que revelen su verdadero significado. Hay un regalo en el interior de cualquier miedo. Espéralo: es un tesoro.

¿Qué sucede si no comprendo mi experiencia de meditación?

Si pudiera dar a los meditadores principiantes sólo un consejo para su práctica, sería el siguiente: ten la voluntad de no saber durante un tiempo. Todas nuestras mejores ideas e inventos, desde la rueda hasta la física cuántica, han procedido de la voluntad de vivir en lo desconocido hasta que surge una idea.

La verdadera percepción es la capacidad de permanecer consciente, dejando de lado todos los pensamientos que se han tenido anteriormente. Debemos tener la voluntad de no conocer durante un cierto período de tiempo (a veces breve , y a veces largo), y en este estado de conciencia podemos parir nuevos pensamientos inspiradores y dar saltos espectaculares en nuestra práctica.

¿Qué debería esperar cuando medito?

Cuando medites, la mayor parte de lo que experimentes será ordinario: tan común como el cielo nocturno con mil millones de estrellas, tan corriente como el canto de un halcón solitario, tan regular como el lenguaje, tan normal como la salida del sol, tan usual como el llanto de la primera respiración de un recién nacido.

Todo es ordinario. Es una cosa corriente tras otra. Ésa es la magia de un momento ordinario.

Lo ordinario es sagrado.

MEDITACIONES

Cuanto más silencioso te vuelvas, más podrás oír.

Ram Dass

Capítulo 17

CÓMO UTILIZAR LAS MEDITACIONES

Nada que hacer, ningún lugar al que ir.

Proverbio Zen

A continuación tenemos tres meditaciones distintas, y se presentan de dos formas. Las versiones transcritas empiezan en el siguiente capítulo, que puedes leer (o puedes grabarlas para reproducirlas con tu propia voz).

Puedes descargar las tres grabaciones en audio de las meditaciones desde mi página web. Una vez allí, podrás escuchar las meditaciones en la red siempre que quieras, o descargarlas.

Para escuchar o descargarte las meditaciones (en inglés), acude a mi página web: **DianaLang.com/OpeningtoMeditation**, o escanea este código QR en tu dispositivo móvil.

Te recomiendo que uses unos auriculares cuando escuches las meditaciones, lo que te permitirá profundizar todavía más en la práctica.

La primera meditación se llama «meditación para el centramiento» o «meditación para la estabilidad emocional», y es perfecta para empezar. Es una práctica breve que te proporciona una experiencia de meditación rápida pero profunda. Simplemente lee (o escucha, si lo prefieres) y déjate llevar en tu primer paso de este viaje místico.

La segunda meditación se llama «meditación para la apertura». Esta meditación es muy útil para lograr el equilibrio y el centramiento o estabilidad. Es como un ajuste. Marca el tono para asentar firmemente el alineamiento de tu meditación y te ayuda a marcar el ritmo de una verdadera práctica de la meditación.

Esta meditación te ayudará a enfocar tus pensamientos, a calmar tu intranquilidad mental, a reducir el estrés y a permitir que te desprendas de las preocupaciones, tomar decisiones fundamentadas y conseguir claridad mental. Puede imbuirte de calma interior y otorgarte poder y fuerza durante períodos de cambios y retos, y puede ayudarte a avanzar y a crecer hacia tu siguiente paso. La «meditación para la apertura» te hace regresar a la senda; te vuelve a conectar con tu flujo creativo, tu propósito y tu camino personal hacia la iluminación. Te ayuda a contestar tus preguntas más íntimas, en una línea directa que va desde el alma hasta el yo. Te recomiendo que te sientes erguido mientras practicas esta meditación.

La tercera meditación, la «meditación para la profundización», está diseñada para abrir y sanar el corazón. Alivia el dolor emocional. Estimula y promueve el proceso de curación y profundiza en tu comprensión de tu yo infinito. Añade profundidad emocional, apacigua el desasosiego y proporciona una relajación profunda y una honda conexión. Es importante para la rehabilitación y la curación profunda y, en general, para tener un mayor conocimiento de tu experiencia de la meditación. Con el objetivo de relajarse todavía más, algunas personas llevan a cabo esta meditación mientras están tumbadas, por tanto, se puede realizar estando sentado o echado.

Utiliza esta meditación cuando quieras reorganizarte y recargarte. Te llevará de vuelta al hogar, en tu parte más íntima. Te volverás a sentir asentado, con los pies en el suelo, de nuevo en contacto contigo mismo y tus sentimientos. Cura y respalda el corazón y te recuerda lo que es verdad. Permite que te guíe de vuelta a tu conocimiento interior y que te anime y refuerce en tu cómodo regreso a tu verdadero yo.

Estas tres meditaciones son muy diferentes, y puede que en distintos momentos te sientas más atraído por una que por otra. Confía plenamente en tu proceso. Todo lo que funcione para ti estará bien.

Puedes emplearlas con tanta frecuencia como desees. Cuanto más las uses más beneficio obtendrás de ellas. Las meditaciones actúan como los ruedines de una bicicleta, para guiar a tu conciencia y hacerla avanzar hacia una octava superior. Una vez que le pilles el truco puedes seguir usándolas, o puedes meditar por tu cuenta. No hay normas. Sólo necesitas permanecer abierto y relajado. Al usar estas meditaciones orientadas empezarás a construir un *canal* familiar (desde el punto de vista de las vibraciones), en tu interior que es reconocible y, lo que más importante, que podrás encontrar (desde el punto de vista de la energía) como punto de referencia de confianza.

Una vez conozcas este lugar en ti mismo, también lo reconocerás en cualquier otro sitio. Sabrás descubrirlo en otras enseñanzas espirituales y otros maestros. Lo reconocerás en otras personas, y éstas se convertirán en nuevos amigos. Pronto lo reconocerás en todas las formas de vida. Sentirás la frecuencia de esta energía armoniosa en todo. Éste es otro gran valor de la meditación: *lo parecido reconoce a lo parecido*. El mundo que hay a tu alrededor cada vez entrará en armonía con el alma de más formas. La vida empezará a integrarse y sintetizarse en forma de un flujo continuo. Y lo sabrás porque estarás menos estresado, más feliz y, en último término, profundamente realizado.

Espero que utilices este programa. Cambiará tu vida. El mejor regalo que puedes hacerte a ti mismo es disfrutar de un poco de tiempo cada día para, simplemente, estar contigo y meditar. Resulta algo tan sencillo de hacer y, pese a ello, es un proceso del todo beneficioso para el descubrimiento. Será un tesoro en tu vida. Me alegra ofrecerte este mapa para que te ayude en tu camino.

Bendiciones para ti en tu viaje sagrado.

Capítulo 18

MEDITACIÓN PARA EL CENTRAMIENTO O LA ESTABILIDAD EMOCIONAL

Ve calmándote cada vez más.

Para escuchar la versión en audio (en inglés), acude a mi página web: **DianaLang.com/OpeningtoMeditation**, o escanea este código QR en tu dispositivo móvil.

Encuentra un lugar tranquilo en el que meditar.

Ponte cómodo en una postura en la que puedas permanecer durante un rato y cierra los ojos.

Permite que tu cuerpo se relaje.
Relaja los hombros.
Relaja el pecho.
Relaja el estómago.
Relaja la frente.

Vuélvete consciente de tu respiración. Percibe si es superficial o tensa, y empieza a estabilizarla permitiendo que se vuelva más profunda y completa.

Respira hondo varias veces por la nariz hasta que el cuerpo y la mente empiecen a sentirse calmados.

Pronto sentirás la sensación física de estar centrado o emocionalmente estable y un equilibrio interior.

Mantén tu atención firme. Permite que tu conciencia se aquiete como la llama de una vela, titilando suavemente y constante.

Ve calmándote cada vez más.

A medida que los pensamientos acudan a tu mente, permite que pasen como las nubes por el cielo.
No te impliques en ningún pensamiento: simplemente deja que pase.
En cualquier momento que veas que tu mente divaga
o si te quedas ensimismado,
regresa a tu respiración
hasta que sientas que tu mente y tu cuerpo vuelven al equilibrio una vez más.

Siente la quietud en el centro de tu ser.
Siente la inmensidad de todo lo que existe.
Permanece ahí durante un rato.
Incluso un momento supondrá una diferencia.

Éste es el corazón de tu meditación.

Aquí es donde puedes traer tus preocupaciones y tus miedos,
tus problemas y tus planes,
o simplemente traerte a ti mismo,
sin ningún plan en absoluto.

Al cabo de un rato, sentirás una sensación natural de plenitud.
Cuando lo hagas, deja que tu respiración se vuelva más consciente de nuevo.
Permite que sea más profunda y completa.
Deja que tu conciencia se desplace al interior de tu corazón y que se extienda por todo tu cuerpo mientras realizas, suavemente, la transición para salir de tu meditación, abriendo los ojos cuando estés listo.

Ahora lleva esta conciencia a tu día.
Hoy es un día nuevo y puede pasar cualquier cosa.
Trae los regalos de tu meditación a tu vida cotidiana.
Permite que todos y todo se vean tocados por tu perspectiva renovada.
Obsérvalo todo con una mirada nueva.
Mira a tu pareja, a tus hijos, tu empleo, tu vida, como si fueran completamente nuevos.

Capítulo 19

MEDITACIÓN PARA LA APERTURA

Estate en el espacio entre las respiraciones.

Para escuchar la versión en audio (en inglés), acude a mi página web: **DianaLang.com/OpeningtoMeditation,** o escanea este código QR en tu dispositivo móvil.

Busca una postura cómoda. Una silla agradable y confortable vendrá bien, aunque puedes apoyar la espalda contra la pared o sentarte en el suelo con las piernas cruzadas. Escoge lo que sea más cómodo para ti.

Toma asiento y siente esa línea de energía que te eleva como si te estuvieran alzando por la coronilla.

Siente ahora cómo tu columna vertebral se estira y percibe ese estado de atención que le acompaña.

Preparado y atento, despiértate para esta meditación, listo para todo aquello en que consista, mientras te liberas de las preocupaciones del día de modo que puedas estar verdaderamente aquí ahora... completamente presente.

Puedes imaginar que las preocupaciones diarias simplemente desaparecen como si fueran arrastradas por el viento.
Como si estuvieras soplando un diente de león.
Ahora puedes ver tus preocupaciones flotando, alejándose,
y ya te sientes más ligero y libre.

Ahora empieza a ser consciente de tu respiración,
de tu fuerza vital,
de tu yo personal,
y de tu conexión con ese yo (la respiración).
Inspira y espira por la nariz, inhalando y exhalando,
haciendo que la respiración sea más profunda y completa
hasta que empieces a sentir cómo esa quietud
te... llena.

Esa tranquilización de la mente se produce casi al instante, y se va volviendo más fácil cada vez que te sientas para hacer esto.
Ya sabes todo esto; ya te encuentras ahí.

Y encuentras ese punto, de esa tranquilización,
ese espacio entre las respiraciones,
esa pausa entre las respiraciones.
Mientras inspiras puedes sentir el espacio...

Es como subir una montaña, y cuando llegas a la cima,
puedes ver a kilómetros a la redonda.
Puedes ver el paisaje.
Puedes ver el cielo de tu vida.
Puedes ver el paisaje de tu vida.

Has subido hasta la cima de la montaña.

Observa ahora… esta respiración (*inspira*… y detente),
y sabe…,
luego espira, ahora, con tu propia cadencia…
Es como si el tiempo se detuviera en esos lugares intermedios.
Éste es el punto de tu conexión,
de tu conocimiento.

Puliendo tu conciencia,
refinando tu respiración,
siguiendo a la respiración como si fuera un guía sabio, sabio,
    hacia ese lugar infinito.

Y puede que notes una ráfaga de pensamientos,
e ideas,
y de cosas que hacer,
y todo esto es normal y forma parte de proceso.
Y si reparas que estás pensando en algo, simplemente haz regresar de nuevo tu atención hacia la respiración.
Inspira y espira… tranquilamente…
sin forzar… simplemente inspirando y espirando por la nariz,
sin ni siquiera intentar respirar,
simplemente percibiendo la respiración, y que se mueve, y que estás respirando,
inspirar y espirar… inspirar y espirar… esperando a esos puntos intermedios…
Y podrías sentarte en esos puntos intermedios: infinitamente, si quisieras…

Dios se encuentra entre las respiraciones…
Y al cabo de un rato empezarás a darte cuenta de que ahora hay un punto de luz…

justo ahí,
un punto de luz.
Te hace sentir como si estuvieras en casa.
Este punto de luz se expande y expande en el centro de tu
cabeza,
como un pequeño sol,
como una pequeña estrella, en profundidad en tu interior.
Y por un momento, te detienes de nuevo,
abierto a esa luz,
expandiéndote en su interior… siendo lo mismo que ello…
reconociendo que eres eso.
Tú eres esta luz.
Esta luz eres tú.
Tú y la luz sois lo mismo.

Siente esa luz expandiéndose ahora en tu interior, a medida
que tu corazón se abre,
como la primera luz del alba.
Y puedes sentir… oír… percibir… ese silencio gigante.
El mundo aguanta la respiración en esta absoluta quietud…
Es una sinfonía de silencio.
Éste es el silencio de la mente.

Cálmate, y sabe…

Y en ese conocimiento, expándete en ello todavía más.
Siente tu conexión con ello… siendo uno con ello…
uno con la luz… y la luz es amor…
uno con el amor… uno contigo mismo…
uno con tu vida… uno con todo ello.
Sintiéndote pleno y conectado ahora.
Sintiendo esa luz saliendo a raudales de ti, brillando en todas
direcciones,

tocando cada área de tu vida
y cualquier cosa que acuda a tu mente ahora.
Siente esta luz brillar y tocar y transformar.
Obsérvala.
Pequeñas chispas de transformación y de amor incondicional.
Amor… Amor… Todo lo que hay es amor… y tú eres uno
con él.

Permite que esa luz se te revele ahora, y al darle tu reconoci-
miento
entona silenciosamente en tu interior,
«*Yo aspiro*».
La luz está brillando ahora en todas direcciones, desde el in-
terior y el exterior.
Líneas de energía están brillando en todas direcciones desde
ti.
Tú mismo eres una estrella.
Al igual que fuiste iluminado… tú mismo brillas.
Ecos sobre ecos y sobre ecos de amor.

Sabiendo que desde lo más profundo de tu ser estás creciendo.
Sabiendo que te estás expandiendo a cada momento,
y que eres cada vez mejor,
y que es cada vez más fácil,
y que eres cada vez más libre.

Mientras vuelves a ser consciente de tu respiración, regresa a
este nuevo momento.
Ésta es la primera respiración.
Hoy es el primer día.
Éste momento es el primer momento,
y puede suceder cualquier cosa.

Mientras vas ahora, lentamente, realizando la transición para
salir de esta meditación, tómate tu tiempo.
Tu tiempo.
Vuélvete, de nuevo, consciente de tu cuerpo y tu respiración.
Siéntete a ti mismo presente.
Y al cabo de un rato, empezarás a sentirte con ganas de abrir,
lentamente, tus ojos de nuevo,
y luego de cerrarlos otra vez, y de volver a abrirlos, todavía en
la meditación.

Y al abrir los ojos ves belleza en el exterior.
Y al cerrar los ojos ves belleza en el interior.
Belleza en el interior, belleza en el exterior.
Sabiduría en el interior, sabiduría en el exterior.
Bondad en el interior, bondad en el exterior.

Sé consciente, tranquilamente, de todas estas cosas que consi-
deras que son verdad:
compasión, amor, valentía, revelación.

Y todo lo que necesitas para traerte de vuelta
a este conocimiento en cualquier momento
durante el día o la noche
(o en un sueño)
es respirar hondo de forma consciente,
y eso te recordará todo esto y más cosas.

Capítulo 20

MEDITACIÓN PARA LA PROFUNDIZACIÓN

Llama a la puerta del cielo y escucha el sonido.

Proverbio Zen

Para escuchar la versión en audio (en inglés), acude a mi página web: **DianaLang.com/OpeningtoMeditation**, o escanea este código QR en tu dispositivo móvil.

Simplemente déjate ir ahora.

Sé como un río.

Deja que todo tu cuerpo se prepare.

Relájalo todo: músculo a músculo, piernas y brazos, manos y pies, dedos de las manos y de los pies.

Todo se relaja con facilidad.

Es un regalo tan grande que te haces a ti mismo.

Permítete disponer de este tiempo para estar contigo mismo, para renovarte…

mediante una respiración.

Sé consciente de tu respiración ahora.

Sé consciente mientras inspiras, el vientre se expande, y cuando espiras se relaja.

Relájate.

Expandiéndose y relajándose, expandiéndose y relajándose…
libre, libre, libre
simplemente déjate ir…

Mientras permites, ahora, que tu cuerpo se relaje de verdad,
a lo largo de todo el camino, de pies a cabeza,
sentirás cómo esa respiración relajada, suave y natural te transporta a un espacio atemporal, ingrávido
en el que puedes dejar ir todas las preocupaciones del día y,
simplemente,
ser
tú.
Sabiendo, sinceramente y de verdad, que todo va bien en este momento.
Respira cada vez más y más hondo.

Te das cuenta de que tu respiración es como el mar.
Al igual que las olas crecen y se expanden y se retiran de nuevo,
descargando y expandiéndose, puedes sentirla, oírla, ser ella,
esta cualidad del océano que es tu respiración.
Dentro y fuera… las olas entran… las olas salen.
De forma natural, de forma natural, sintiéndote natural,
sintiéndote conectado, sintiéndote pleno.

Y capa a capa, sientes toda la tensión del día que desaparece.
Puedes liberarla desde hoy.
Puedes liberarla desde ayer.
Puedes liberarla desde la semana pasada.
Puedes liberarla desde todo el año pasado.

Y a veces…puedes, simplemente, liberarla toda…
Libérala toda.

Relájate.
Siéntete abierto,
permitiendo que tu atención y tu respiración sean tan suaves
como si fueras una pequeña flor en un lago tranquilo y calmado.
Flotando ingrávidamente.
Permitiendo que tu corazón se abra al sol.
Sintiendo el sol brillar sobre ti.
Sintiendo la quietud, la serenidad absoluta de este lugar.
Sintiendo la cualidad reflectiva sobre la superficie del lago.
Ni una onda.
Completamente liso.
Te refleja… y te relajas.
Puedes sentir las pequeñas corrientes haciéndote ir en espiral
hacia aquí y hacia allá…
y permites que te desplacen.

Y eso también te hace sentir bien, mientras te abres incluso
más,
sintiendo cómo tus pequeños pétalos se abren, abren y abren,
pétalo a pétalo, uno a uno, a uno, a uno… más y más.
Sientes tu corazón expandiéndose y abriéndose… siendo uno
con todo,
sintiendo cómo la superficie de este lago tranquilo
refleja las grandes nubes blancas y esponjosas del cielo…
de forma perfecta.

Dejándote ir y dejándote ir. Sintiéndote natural ahora.
Natural en ti mismo.
Natural en tu vida.

Natural con los demás.

Natural en tu creatividad.

Natural en tu amor.

Natural.

No hay esfuerzo alguno.

Una flor no tiene que intentar florecer... simplemente lo hace.

Y no se condena a sí misma si uno de sus pétalos no se abre con la suficiente rapidez.

Es sencillamente perfecta en cada fase, desde un capullo hasta una expresión completa.

Igual que lo eres tú.

Permítete flotar ahora, sintiéndote tranquilo y natural,

perfectamente relajado y consciente, de forma fácil, sin esfuerzo,

de todas las posibilidades a tu alrededor.

Siendo consciente de que todo lo que necesitas está justo aquí, justo ahora,

de modo que puedas dar tu siguiente paso.

Sintiendo tu camino.

Sintiéndote guiado.

Sabiendo que todo va bien.

Percibiendo una sensación de confianza que crece en tu interior con cada respiración. Sintiendo tu conexión haciéndose más fuerte y más duradera

a cada respiración.

Permítete reposar ahora en tu sabiduría, en tu amor, siguiendo la respiración, suave y naturalmente.

Sintiéndote abierto, perfectamente equilibrado, en el corazón del corazón.

Sintiéndote en un flujo perfecto.

Estoy en el flujo… estoy en el flujo… estoy en el flujo.

Déjate flotar aquí tanto tiempo como quieras,
hasta que te sientas completamente revitalizado y renovado,
recordando quién eres
y el amor que hay en tu interior,
y la luz que hay en tu interior,
y la fuerza que hay en tu interior,
y la increíble creatividad que hay en tu interior.
Todo eso y más esperando a presentarse,
esperando a expresarse a lo largo del día,
a expresarse a través de ti,
a través de tu pensamiento,
a través de tu palabra,
a través de tu acción.

Permítete permanecer aquí tanto tiempo como desees,
sintiéndote cada vez más libre,
hasta que sientas como si fuera la cosa más natural del mundo
    salir de esta meditación,
dejando que tu respiración te guíe hacia casa.

ES FÁCIL

Respira.

La meditación te devuelve a tu fuente interior. Puedes encontrar todas las respuestas dentro de ti. Todo lo que tienes que hacer es relajarte y abrirte al momento.

Cuando meditas descubres nuevas facetas de ti mismo. Tu exploración hacia el interior te proporciona acceso a nuevas cualidades de tu ser que no sabías que existían, y te relaciona con aspectos de ti mismo que habían quedado escondidos y olvidados. Somos tan complejos y hermosos... Somos como una pieza de cristal con mil facetas, y cada una de ellas es un aspecto distinto de nuestro verdadero yo. Nuestro cristal puede enturbiarse o mancharse. Piensa en la meditación como en un proceso de pulido. Imagina la luz de tu conciencia contactando con la luminosidad de tu nuevo cristal pulido. Comprueba cómo la luz puede brillar a través de él como si fuera un prisma.

Cuando meditamos estamos conectados a la inteligencia divina, y descubrimos que esta perspectiva superior nos puede orientar en cada momento de nuestra vida. Podemos ver cómo cada paso que damos se relaciona con el último y está en perfecta armonía con el lugar en el que nos hallamos en cada momento.

Siempre que tengas un problema o no estés seguro de la dirección que estás tomando, resérvate un momento y medita. Cuando te abres a la orientación divina te vuelves permeable al flujo de la sabiduría universal. Tanto si lo que buscas es una solución creativa a un problema, una nueva forma de considerar una relación difícil o la próxima estrofa de un poema, puedes acceder a esta enorme riqueza que hay en tu interior tranquilizando la mente y abriéndote a la creación.

Así pues, ¿lo ves? Es fácil. Basta con que te sientas cómodamente, te vuelvas consciente de tu respiración, te fijes en tus pensamientos despreocupadamente, abras tu mente y tu corazón; y antes de que puedas darte cuenta descubrirás que el camino hacia la autorrealización se encuentra a tan sólo una respiración. Cuando cierres los ojos descubrirás que el mundo interior es muy rico. En el momento en que cierres los ojos habrás comenzado. Estás preparado. Estás receptivo. Estás abierto.

Sé humilde, ya que estás hecho de tierra,
sé noble, ya que estás hecho de estrellas.

Proverbio antiguo

AGRADECIMIENTOS

Mi agradecimiento a Adrian Krauss por pedir esto; a Hans Schick, que escuchó las grabaciones durante el proceso de creación y añadió su nota y su respiración; a Marc Allen, por creer en este proyecto; a Michael Dawson y Judy Levy, que son las hadas madrinas de este libro; a Angela Hite y Jeff Rosenfield, por vuestras amables sugerencias y vuestro apoyo; a Joel Lang, que me dijo que, simplemente, lo hiciera; a mi madre, Jutta Chapman, por ser auténtica, pura y valiente; a mi padre, Emmett Chapman, por mostrarme el sol, la luna y las estrellas; a mi hermana, Gracie: bueno, ya sabes que te quiero mucho más de lo que puede expresarse con palabras; a todos mis alumnos, que me hicieron las preguntas que me lo enseñaron todo; y por último, a mi maestro Ari Don Davis, que me mostró esa primera luz.

ÍNDICE

Parte III - Meditaciones

¿Trabajas para vivir o vives para trabajar? ¿Tienes la sensación de no disponer nunca de tiempo para ti? ¿Necesitarías una jornada con más horas? ¿Eres una de esas madres multitareas que intentan conciliar la vida laboral y profesional corriendo todo el día? Si éste es tu caso, esta obra propone múltiples formas para recuperar el tiempo, hacernos sus dueños y dejar de ser sus súbditos. Un sosegado paseo por estas páginas te ayudará a reflexionar sobre las causas de la aceleración que genera tanto estrés en la época actual, y también sobre los caminos posibles para encontrar el tiempo óptimo, el ritmo preciso que te permita, sin dejar de hacer cosas, llevar una vida más serena y satisfactoria. Hay que aprender de nuevo a disfrutar de la **lentitud**, a reconducir nuestra relación con el **tiempo** y capear las dificultades de vivir en una cultura **acelerada**.

CHEIKH KHALED BENTOUNES

Terapía del alma

A la luz del sufismo

EDICIONES OBELISCO

Este libro nace de la preocupación del autor por preservar y actualizar una enseñanza espiritual milenaria que ha ayudado en el pasado a muchas personas en la búsqueda de medios para apaciguar y curar los males, que, desde siempre, turban y pervierten el alma humana.

El autor utiliza las enseñanzas de la tradición coránica, y a través de una visión sufí nos revela todo lo que puede aportarnos este saber universal sobre la Terapia del alma.

La lectura de esta obra ayudará a todas aquellas personas que desean encontrar puntos de referencia e indicaciones para enriquecer el debate actual sobre las aproximaciones terapéuticas alternativas y responder a las cuestiones esenciales que tienen que ver con el aspecto más profundo del ser humano. Esta enseñanza espiritual permite superar tabúes y conservadurismos, abrir nuevas perspectivas de búsqueda para el hombre y liberar el alma de sus instintos, temores y deseos ilusorios.